1867. 18 Décembre

CATALOGUE

DE

BEAUX LIVRES

ANCIENS ET MODERNES

Reliés par les premiers relieurs de Paris

DE

BELLES HEURES MANUSCRITES

SUR VÉLIN, AVEC MINIATURES D'UN MAITRE FLAMAND, ETC.

DONT LA VENTE SE FERA

Le Mercredi 18 *Décembre* 1867

A L'HOTEL DES COMMISSAIRES-PRISEURS

RUE DROUOT, N° 5, SALLE N° 4

A 2 heures très-précises de relevée

Par le ministère de M. DELBERGUE-CORMONT, commissaire-priseur
rue de Provence, n° 8

EXPOSITION PARTICULIÈRE

Mardi 17 *Décembre* 1867, *de une heure à quatre heures.*

Le présent Catalogue servira de carte d'entrée.

PARIS

LIBRAIRIE TROSS

5, RUE NEUVE-DES-PETITS-CHAMPS, 5

1867

CONDITIONS DE LA VENTE.

Les adjudicataires payeront, en sus des adjudications, cinq centimes par franc, applicables aux frais.

Les livres vendus devront être collationnés sur place dans les vingt-quatre heures. Passé ce délai ou une fois sortis de la salle de vente, ils ne seront repris pour aucune cause.

Il y a exposition publique le mercredi 18 *décembre (jour de la vente), de* 1 *à* 2 *heures.*

ORDRE DE LA VACATION.

99 — 142
1 — 98

HEURES LATINES DE LA VIERGE

MANUSCRIT DU XVe SIÈCLE

Un volume petit in-4° sur vélin

(N° 62 du Catalogue.)

Ce volume, d'une belle conservation, est orné de quatorze grandes miniatures et de seize petites, sans compter le calendrier, qui en contient vingt-quatre. Parmi les grandes miniatures, les plus remarquables sont les suivantes :

1° *La Véronique*, qui représente une femme en pied, couverte d'un costume juif de fantaisie, montrant sur un linge déployé devant elle la tête de Jésus-Christ, tête bien peinte, mais qui doit avoir été retouchée.

2° Jésus en croix rendant le dernier soupir, ayant à sa droite les soldats romains avec le ceinturon ; à sa gauche, saint Jean debout, et à genoux Marie-Madeleine et la Vierge Marie ; les ornements de la marge représentent en or les instruments du supplice de Jésus.

3° Le Saint-Esprit descendant sur la Vierge et sur les Apôtres.

4° La Vierge assise, tenant l'Enfant Jésus sur ses genoux ; à droite et à gauche, un ange qui joue du psaltérion.

5° La Résurrection de Lazare. Les encadrements de ces grandes miniatures sont très-riches et très-variés. Un des plus remarquables est celui de la quatrième miniature, qui, sur un fond vert-d'eau, représente un assez grand nombre de médailles en or, en argent, en plomb, qui ne sont autres que des médailles votives à la Vierge et à Jésus-Christ, telles qu'on en a retrouvées beaucoup depuis quelques années dans la Seine, et qui ont été publiées par M. Arthur Forgeais. (Collection de Plombs historiés et trouvés dans la Seine, recueillis par M. Arthur Forgeais, etc., etc. Paris, 1862-1864, volumes grand in-octavo.)

Des seizes petites miniatures, on en trouve onze consacrées à la représentation des saints dont les noms suivent :

Saint Grégoire, — saint Michel, — saint Jean-Baptiste, — saint Pierre et saint Paul, — saint Jacques, — saint Sébastien, — saint Cristofe, — sainte Marie-Madeleine, — sainte Catherine, — sainte Barbe, — sainte Marguerite.

Chacune des petites miniatures est entourée d'encadrements moins riches et moins complets que ceux qui accompagnent les grandes, mais elles sont encore exécutées avec beaucoup de soin par une main assez habile; elles représentent, comme dans quelques-unes des grandes, des fleurs, des oiseaux, des insectes.

Pour en revenir à l'ornementation des grandes miniatures, cette ornementation est très-variée, — et d'une exécution très-remarquable; — en outre des fleurs, des oiseaux, des insectes qui composent quelques-unes d'elles, on y trouve des motifs empruntés aux sujets qu'elles représentent. Nous en avons cité plus haut deux exemples en parlant de la deuxième et de la quatrième de ces miniatures. Les fleurs, les oiseaux, les insectes, ornent aussi les marges du calendrier, divisé en vingt-quatre pages (deux pages pour chaque mois).

Le sujet des petites miniatures du verso de ces vingt-quatre pages est emprunté, suivant l'usage, aux occupations ou aux plaisirs de chaque mois; le recto représente les signes du Zodiaque.

Une miniature, dont le sujet est Suzanne au bain vue par les deux vieillards, d'une exécution singulière et bien postérieure à celle du livre d'Heures, est collée sur une des gardes de vélin de la fin du volume.

Nous n'avons trouvé, soit dans les miniatures, soit dans l'ornementation, qui est des plus remarquables, aucun signe, aucune devise qui puisse nous révéler à quel personnage ce manuscrit a pu appartenir; nous le croyons de la fin de la seconde moitié du XVe siècle. Les peintures sont de l'École flamande. La reliure est moderne et en maroquin rouge, avec ornements d'or.

L. R. DE L.

CATALOGUE

DE

BEAUX LIVRES

ANCIENS ET MODERNES

---

1. Ampère. L'Histoire romaine à Rome. *Paris, Michel Lévy*, 1862-64. 4 vol. in-8, br.

2. Aubenas (Jos.). Histoire de l'impératrice Joséphine. *Paris, Amyot*, 1857-59. 2 vol. in-8, dem.-rel. mar. r.

3. Avis fidelle aux veritables Hollandois touchant ce qui s'est passé dans les villages de Bodegrave et Swammerdam, et les cruautés inouïes que les Français y ont exercées. Avec un mémoire de la dernière marche de l'armée du Roy. *S. l. (Hollande, à la Sphère)*, 1673. In-4, fig. par Romain de Hooghe, dem.-rel. mar. brun, non rogn., tête dor.

4. Baïf (J. Antoine de). Les Amours. A Monseigneur

le Duc d'Aniou, fils et frère de Roy. *Paris, Lucas Brayer*, 1572. Pet. in-8, veau f. *(Rel. anc.)*

Exemplaire très-grand de marges.

5. Belleau (Œuvres complètes de Remy). Nouvelle édition, publiée d'après les textes primitifs, avec variantes et notes, par A. Gouverneur. *Paris, Franck*, 1867. 3 vol. in-8, broch.

Exemplaire en grand papier vélin.

6. Bellay (Joach. du). Les Œuvres françoises de Joachim du Bellay, gentilhomme angevin, reveues et de nouveau augmentées de plusieurs poésies non encore imprimées. *Paris, Féd. Morel*, 1573. Pet. in-8, mar. rouge, à compart., tr. dor. *(Capé.)*

Première édition des Œuvres de du Bellay avec une seule pagination.

Très-bel exemplaire, provenant de la vente Desq.

7. Beugnot. Mémoires du comte Beugnot, ancien ministre, 1783-1815, publiés par son petit-fils le comte Albert Beugnot. *Paris, Dentu*. 2 vol. in-8, broch.

8. Bible. La Sainte Bible qui contient le Vieux et le Nouveau Testament, édition nouvelle faite sur la version de Genève..., publiée par Sam. des Marets. *Amsterdam, Louys et Daniel Elzevier*, 1669. 2 vol. gr. in-fol., cartes, veau.

Magnifique impression. Exemplaire en très-grand papier.

9. Bible. Histoire du Vieux et du Nouveau Testament, enrichie de plus de 400 figures. (Texte en hollandais.) *Amsterdam, P. Mortier*, 1700. 2 vol. gr. in-fol., v., à comp.

Bel exemplaire. Superbes épreuves *avant les clous*.

10. Boccace. Contes et Nouvelles, traduction libre,

accommodée au goût de ce temps, et enrichie de figures en taille-douce gravées par Romain de Hooge. *Amsterdam, Gallet*, 1698. 2 vol. pet. in-8, réglé, mar. rouge, fil., doublé de maroq. rouge, tr. dor. (*Belle reliure ancienne.*)

Ce bel exemplaire provient de la vente Daniel, faite à Londres en 1864. — Longue note de M. Daniel sur la garde.

11. Bossuet. Discours sur l'histoire universelle. *Paris, Lefèvre*, 1823. 2 tomes en 1 vol., in-8, pap. vél., dem.-rel. veau ant., non rogn. (*Thouvenin.*)

12. Boulmier (Jos.). Estienne Dolet, sa vie, ses œuvres, son martyre. *Paris, Aubry*, 1857. In-8, portr., dem.-rel. mar. vert, non rogn., tête dor.

13. Boutilier. La Somme Rurale. A la fin : Cy finist la somme rurale compilée p. honorable hôme maistre Jehan Boutilier, conseiller du roy nre sire a Paris. *Et imprimee a Paris pour Jehan Petit*, 1509. Pet. in-fol. goth., à 2 col., mar. br., fers à froid, tr. dor. (*Duru.*)

Très-bel exemplaire. Le volume contient, entre autres : Le faict des *chasses des boys et forestz*. — De la muniere (*sic*) *des chasses es boys et forestz* du royaulme, etc.

14. Brunet (J. C.). Manuel du libraire et de l'amateur de livres. *Paris, Didot*, 1860-1865. 6 vol. rel. en 12 vol., pet. in-4, dos de toile, non rogné.

Exemplaire en *grand papier de Hollande*, rare.

15. Burgkmaier's Turnier-Buch C'est-à-dire : Livre de tournois, dessiné par Hans Burgkmaier pour l'empereur Maximilien Ier, et publié par J. von Hefner. *Francfort*, 1853-56. Gr. in-fol., fig., dem.-rel. mar. rouge, non rogn., tête dor. (*Hardy-Ménil.*)

Publication magnifique, tirée à petit nombre. *Les planches ont été peintes et rehaussées d'or et d'argent*, d'après les miniatures du manuscrit original.

16. Calmet. Suite des portraits des ducs et des duchesses de la maison royale de Lorraine, dessinés et gravés d'après les médailles de St-Urbain, avec la dissertation historique et chronologique par Dom Augustin Calmet. *Florence, Mücke,* 1762. 2 vol. in-fol., cart., non rogn.

17. Campan (Mme). Mémoires sur la vie privée de Marie-Antoinette. *Paris, Baudoin,* 1823. 3 vol. in-8, d.-rel. mar. bl., non rogn., tête dor.

18. Campardon (E.). Marie-Antoinette à la conciergerie, pièces originales. *Paris, Gay,* 1863. In-8, portr., d.-rel. mar. br., non rogn., tête dor.

19. Castera. Histoire de Catherine II, impératrice de Russie. *Paris, Buisson, an VIII.* 4 vol. in-12, d.-rel. mar. vert, non rogn., tête dor. (*Petit.*)

20. Chenavard (A. M.). Recueil des compositions exécutées ou projetées sur les dessins de M. Chenavard, architecte. (Le grand théâtre de Lyon, séminaire de Lyon, etc., etc.). *Lyon, imprimerie de Louis Perrin,* 1861. 2 vol. en un, gr. in-fol., nombreuses planches, d.-rel. dos de toile.

Ce beau livre n'a pas été mis dans le commerce. Exemplaire avec dédicace autographe de l'auteur.

21. Clarendon (Edward, comte de). Histoire de la rébellion et des guerres civiles d'Angleterre depuis 1641 jusqu'au rétablissement du roi Charles II. *La Haye, Uytwerf,* 1704. 6 vol. in-12, vél. blanc.

Très-bel exemplaire.

22. Cléry. Journal de ce qui s'est passé à la tour du Temple pendant la captivité de Louis XVI, par Cléry, valet de chambre du roi. *Paris, Bertin,*

1861. In-8, portr. et fac-simile, d.-rel. mar. noir, non rogn , tète dor. (*Petit.*)

23. Collection complète des mémoires relatifs à l'histoire de France, depuis le règne de Philippe-Auguste.... jusqu'à la paix de Paris conclue en 1763, avec des notices et des observations par Petitot et Monmerqué. *Paris, Foucault,* 1819-29. 138 vol. in-8, d.-rel. mar. r., non rogn., tête dor.

Exemplaire parfaitement complet, avec les Œuvres complètes de Brantome en 8 vol.

24. Collection des meilleures dissertations, notices et traités particuliers relatifs à l'histoire de France, par C. Leber, J. B. Salgues et J. Cohen. *Paris, Dentu,* 1838. 20 vol. in-8, pap. vél., d.-rel. maroq. vert, non rogn., tête dor.

25. Collection de mémoires relatifs à l'histoire de France, depuis la fondation de la monarchie française jusqu'au XIIIe siècle, avec une introduction, des suppléments et des notes par M. Guizot. *Paris,* 1823-35. 31 vol. in-8, d.-rel. mar. r., non rogn., tête dor.

26. Collin de Plancy. Dictionnaire infernal. *Paris, Plon,* 1863. Gr. in-8, fig., d.-rel. mar. rouge, non rogn., tête dor. (*Petit.*)

27. Cortambert et L. de Rosny. Tableau de la Cochinchine. *Paris, A. le Chevalier,* 1862. In-8, fig., d.-rel. mar. vert, non rogn., tête dor. (*Petit.*)

28. Crébillon. Œuvres, avec les notes de tous les commentateurs, publiées par M. Parrelle. *Paris, Lefèvre,* 1828. 2 vol. in-8, gr. pap. vél., dem.-rel., non rogn. (*Simier.*)

29. Créquy (Souvenirs de la marquise de). *Paris*, 1867. 5 vol. in-12, br.

30. Dangeau. Journal du marquis de Dangeau, publié en entier pour la première fois, par Soulié, Dussieu, etc., avec les additions inédites du duc de Saint-Simon, publiées par M. Feuillet de Conches. *Paris, Didot*, 1854-60. 19 vol. in-8, d.-rel. mar. br., non rogn., tête dor.

31. Danse des Noces (La), par Hans Scheufelein, reproduite par J. Schratt, avec une notice biographique sur Hans Scheufelein, par le docteur Andresen. *Paris*, 1865. In-folio, dans un carton, non rogn.

Exemplaire imprimé sur PEAU DE VÉLIN.

Cette danse, une des meilleures productions xylographiques de la première moitié du XVIe siècle, a été exécutée vers 1530. Elle se compose de 21 planches, dont une, de double grandeur, représente les musiciens sur une tribune.

C'est une danse, ou plutôt une marche, comme elle était usitée aux noces des patriciens de Nuremberg et d'Augsbourg. Les figures se distinguent par la noblesse et la gracieuseté; leurs mouvements sont cadencés et pleins de distinction, leurs costumes choisis, riches et d'un goût exquis.

32. Dargaud. Histoire de Jane Grey. *Paris, Hachette*, 1863. In-8, d.-rel. mar. vert, non rog., tête dor. (*Petit.*)

33. Daru. Histoire de la république de Venise, par P. Daru. Seconde édition, revue et corrigée. *Paris, Didot*, 1821. 8 vol. in-8, d.-r. mar. rouge.

Exemplaire en grand papier.

34. Davila. Histoire des guerres civiles de France, contenant tout ce qui s'est passé de plus mémorable sous le règne de quatre rois : François II, Charles IX, Henry III et Henry IV, surnommé le Grand, jusques à la paix de Vervins inclusive-

ment, escrite en italien, par H. C. Davila, et mise en françois par J. Baudoin. *Paris, Rocolet,* 1644. 2 vol. in-fol., maroq. rouge, fil., tr. dor. (*Belle reliure ancienne.*)

35. Desfontaines. Histoire des révolutions de Pologne, depuis le commencement de cette monarchie jusqu'à la mort d'Auguste II. *Amsterdam, F. l'Honoré.* 2 tomes en 1 vol., in-12, cartes, maroq. r., fil., doublé de tabis, tr. dor. (*Rel. anc.*)

36. Du Cellier. Histoire des classes laborieuses en France, depuis la conquête de la Gaule par Jules César jusqu'à nos jours. *Paris, Didier,* 1860. In-8, d.-rel. mar. r., non rogn., tête dor. (*David.*)

37. Duclos. Mémoires secrets sur le règne de Louis XIV, la Régence, et le règne de Louis XV. *Paris, Janet et Cotelle,* 1828. 2 tomes en 1 vol., in-8, portr. de Louis XV ajouté, d.-rel. veau r.

38. Dulaure. Des divinités génitrices, ou du culte du phallus chez les anciens et les modernes, par J. A. D. *Paris,* 1805. In-8, d.-rel. maroq. vert, non rog., tête dor. (*David.*)

39. Du Sommerard. Les Arts au moyen âge, en ce qui concerne principalement le palais romain de Paris, l'hôtel de Cluny, issu de ses ruines, et les objets d'art de la collection classée dans cet hôtel. *Paris,* 1838-1846. 5 vol. in-8, plus un atlas et un album rel. en 3 vol. gr. in-fol., fig., d.-rel. mar. r., non rogn., tête dor. (*David.*)

Exemplaire complet, *avec planches coloriées.*

40. Escosura. L'Espagne artistique et monumentale, avec les descriptions des sites et des monuments

artistiques les plus notables de l'Espagne, par don Patricio de la Escosura, les planches exécutées sous la direction de don Genaro Perez de Villa-Amil. *Paris*, 1842-50. 3 vol. gr. in-fol., fig., d.-rel. mar. vert, non rogn., tète dor.

41. Fastes (Les) de Louis XV, de ses ministres, maîtresses, généraux et autres notables personnages de ce règne (par Boustodor, attaché au chevalier Zeno, ambassadeur de Venise). *Ville-Franche, chez la veuve Liberté*, 1782. 2 vol., pet. in-8, d.-rel. mar. r., non rog., tête dor. (*David.*)

42. Fauconnerie. Traité de fauconnerie, par H. Schlegel et J. A. Verster de Wulferhorst. *Leyde, Arnz et C°*, 1844-1853. Gr. in-fol., dans un carton.

Ouvrage le plus important qui ait paru sur la fauconnerie, tiré à petit nombre. *Les planches de cet exemplaire ont été coloriées avec le plus grand soin.*

43. Flandin. Voyage en Perse, par MM. Flandin, peintre, et Pascal Coste, architecte, attachés à l'ambassade de Perse en 1840 et 1841. *Paris, Gide*, 1843-54. 6 vol. gr. in-fol., fig., d.-rel. mar. rouge, non rogné, tête dor. (*Hardy-Ménil.*)

On a ajouté : Voyage en Perse en 1840 et 1841, par E. Flandin. *Paris, Gide*, 1841, 2 vol. in-8, d.-rel. mar. r. (*Hardy-Ménil*). Très-bel exemplaire, parfaitement complet.

44. Galerie du Palais-Royal, gravée d'après les tableaux de différentes écoles qui la composent, par J. Couché. Avec une description de chaque tableau par de Fontenay (Morel, etc.). *Paris*, 1786-1808. 3 vol. gr. in-fol., d.-rel. maroq. bleu, non rogn.

Très-bel exemplaire du premier tirage. Épreuves superbes.

45. Galerie. The Turner gallery, a series of sixty engravings from the principal works of Jos. Mallord William Turner, with a memoir and illustrative text by R. Nicholson Wornum. *London, s. d.* In-fol., maroq. vert, dent., tr. dor. (*Rel. anglaise.*)

46. Galerie historique des portraits des comédiens de la troupe de Voltaire, gravés à l'eau-forte, sur des documents authentiques, par Fr. Hillmacher. Avec des détails biographiques inédits par D. de Manne. *Lyon, N. Scheuring* (*de l'imprimerie de Louis Perrin*), 1861. In-8, br.

Épuisé.

47. Galerie historique des comédiens de la troupe de Talma, notices sur les principaux sociétaires de la Comédie-Françoise depuis 1789 jusqu'aux trente premières années de ce siècle, par D. de Manne. Avec des portraits gravés à l'eau-forte par Fr. Hillmacher. *Lyon,* 1866. In-8, br.

48. Gavarni. Œuvres choisies. *Paris, Hetzel,* 1846. 4 vol. gr. in-8, fig., cart. en toile, tr. dor.

49. Glossarium eroticum linguæ latinæ, sive theogoniæ, legum et morum nuptialium apud Romanos explanatio nova, auctore P. P. (Pierrugues). *Parisiis, Dondey-Dupré,* 1826. In-8, d.-rel. mar. br., non rogn., tête dor.

Exemplaire en grand papier vélin.

50. Goldsmith. Le Vicaire de Wakefield, traduit en français, avec le texte anglais en regard, par Charles Nodier. *Paris,* 1838. In-8, fig., br.

51. Grellmann. Histoire des Bohémiens, ou Tableau des mœurs, usages et coutumes de ce peuple no-

made, trad. de l'allemand. *Paris, Chaumerot*, 1810. In-8, d.-rel. mar. br., non rogn., tête dor. (*Petit.*)

52. Gresset (Œuvres de). Nouvelle édition augmentée de pièces inédites et ornée de fig. en taille-douce. *Paris, Bleuet*, 1803. 3. vol. in-12, pap. vél., d.-rel. mar. bleu.

53. Grimm et Diderot. Correspondance littéraire, philosophique et critique de G. et D., depuis 1753 jusqu'en 1790 (publ. par J. Taschereau). *Paris, Furne et Ladrange*, 1829-32. 15 vol. — Correspondance inédite (par Chéron et Thory). *Paris*, 1829. 1 vol. — 16 vol. in-8, d.-rel. veau f., non rogn.

54. Guerres des Vendéens et des Chouans contre la République française, ou Annales des départements de l'Ouest pendant ces guerres. *Paris, Baudouin*, 1825. 6 vol. in-8, d.-rel. mar. bl., non rogn., tête dor.

55. Guigue. De l'origine de la signature, et de son emploi au moyen âge, principalement dans les pays de droit écrit, avec 48 planches. *Paris, Dumoulin*, 1863. In-8, pap. de Holl., d.-rel. mar. br., non rogn., tête dor. (*Petit.*)

56. Hall (S. C.). The royal gallery of art, ancient and modern, engravings from the private collections of her Majesty the Queen and his Royal Highness Prince Albert, and the art heir-looms of the crown at Windsor-Castle, Buckingham Palace and Osborne. *London, Colnaghi, s. d.* 4 tom. en 2 vol., gr. in-fol., mar. r., dent., tr. dor. (*Rel. anglaise.*)

57. Hemard. Les Restes de la guerre d'Estampes,

par le sieur Hemard. *Paris, Louis Chamhoudry*, 1653. 1 vol. in-12, mar. rouge, tr. dor. (*Thibaron Echaubard.*)

58. Heures. Ces presentes heures a l'usaige de Rome furent acheuez Lan Mil CCCC. iiii. xx. r xviii. xxii. iour de Aoust. *Paris, Simon Vostre*, 1498. Gr. in-8, goth., gravures en bois et bordures à chaque page; mar. Lavall., riches compart. en mar. de couleur et en or, doublé de maroq. r., tr. dor. cisel. (*Hardy-Ménil, dorure par Michel Marius*)

Très-bel exemplaire, imprimé sur vélin, et un des plus beaux livres d'Heures imprimés par Simon Vostre, avec la danse des morts, de grandes et nombreuses gravures, etc.

59. Histoire des deux conquestes d'Espagne par les Mores.... Le tout traduit de l'arabe en 1589, par Miguel de la Luna. *Paris, v^{e} Fr. Muguet*, 1708. In-12, mar. r., fil., tr. dor. (*Rel. anc.*)

60. Histoire de Schinderhannes et autres brigands dits garrotteurs ou chauffeurs qui ont désolé les deux rives du Rhin et la Belgique pendant les dernières années de la Révolution. *Paris, Dentu*, 1810. 2 vol. in-12, dem.-rel. maroq. br., non rogn., tête dor. (*Rare.*)

61. Holbein (Hans). Icones historiarum Veteris Testamenti, ad vivum expressæ. (Avec un texte en quatrains français, par Gilles Corrozet). *Lugduni, apud Joannem Frellonium*, 1547. Pet. in-4, mar. Lavall., plats ornés, tr. dor. (*Lortic.*)

Bel exemplaire réglé. *Les épreuves de ces célèbres gravures en bois sont charmantes.*

62. Horæ Beatæ Mariæ Virginis. Gr. in-8, mar. r. à compart., tr. dor.

Manuscrit sur vélin, d'origine flamande, *de la plus grande beauté et fraîcheur*, écrit en gros caractères gothiques, vraisemblablement par Henri d'Amsterdam. Il est orné de *nombreuses miniatures de main de maître,* et de bordures composées de fruits, fleurs, oiseaux, etc., sur fond d'or.

Nous donnons une description plus exacte du précieux volume au commencement du catalogue.

63. Horatii opera. *Londini, Sandby,* 1749. 2 vol. gr. in-8, fig., mar. bl., fil., tr. dor. (*Rel. anc.*)

64. Huc. Souvenirs d'un voyage dans la Tartarie et le Thibet, pendant les années 1844, 1845 et 1846. *Paris*, 1857. 2 vol. — L'Empire chinois. *Paris*, 1857. 2 vol. — 4 vol. in-8, cartes, d.-rel. mar. br. (*Closs.*)

65. De Imitatione Christi, par Jean Gerson. Édition polyglotte en latin, en français, en grec, en anglais, en allemand, en espagnol et en portugais; publ. par J. B. Monfalcon. *Lyon,* 1841. Très-grand in-8, dem.-rel. maroq. brun, non rogn., tête dor. (*Petit.*)

Exemplaire sur papier de couleur citron.

On a tiré peu d'exemplaires de cette édition sur papier supérieur.

66. Jamyn. Les Œuvres poétiques d'Amadis Jamyn. *Paris, Mamert Patisson*, 1575. In-4, v. br. (*Aux armes de la marquise de Pompadour.*)

67. Journal d'un déporté non jugé, ou Déportation, en violation des lois, décrétée le 18 fructidor an V (par Barbé-Marbois). *Paris, Didot,* 1834. 2 vol. in-8, cart., non rogn.

68. Knorr. Délices de la nature, ou Choix de tous ce

que les trois règnes de la nature renferment de plus digne des recherches d'un curieux, ouvrage ci-devant communiqué au public par G. W. Knorr, continué par ses héritiers, etc. *Nuremberg, héritiers de Knorr*, 1779. 2 tom. en un vol., gr. in-fol., fig. color., mar. r., fil., tr. dor. (*Rel. anc.*)

Exemplaire magnifique.

69. La Bédoyère. Journal d'un voyage en Savoie et dans le midi de la France en 1804 et 1805. *Paris, Crapelet*, 1849. In-8, pap. de Hollande, dem.-rel. veau f., non rogn., tête dor. (*Petit.*)

70. Laborde. Description générale et particulière de la France (publ. par J. B. de Laborde, Guettard, Béguillet, etc.). *Paris, imp. de Ph. D. Pierres*, 1785-88. 10 vol. in-fol., dont 4 de planches, mar. rouge, fil., tr. dor. (*Rel. anc.*)

L'exemplaire est ainsi divisé : Dauphiné, 2 vol. ; Roussillon, 1 vol. ; Ile-de-France, 1 vol. ; Bourgogne, 2 vol. ; Est, 3 vol. ; Oise, 1 vol. Tout ce qui a été publié.

Ex. Radzivil

71. La Condamine. Relation abrégée d'un voyage fait dans l'intérieur de l'Amérique méridionale, en descendant la rivière des Amazones. — Lettre à Mme *** sur l'émeute populaire excitée en la ville de Cuença, au Pérou, le 29 d'août 1739. *Paris, Prévot*, 1745-46. 2 part. en un vol., fig. et cart., d.-rel. mar. br.

72. La Fontaine. Contes et Nouvelles en vers. *Amsterdam* (*Paris, Barbou*), 1762. 2 vol. in-8, maroq. citr., fil, tr. dor. (*Anc. rel.*)

Très-bel exemplaire de l'édition dite des Fermiers généraux.

73. La Motte. Fables nouvelles, dediées au roy. *Paris*,

Dupuys, 1716. In-4, grand pap. de Hollande, figures de Gillot, veau rac., dent., tr. dor.

74. La Pérouse. Voyage autour du monde, publié et rédigé par L. A. Millet-Mureau. *Paris, imprimerie de la République*, 1797. 4 vol. in-4, et atlas gr. in-fol., d.-rel. mar. rouge, non rogn.

Exemplaire en grand papier, avec une double suite des gravures (*lettres grises et avant la lettre*).

75. Lavalette. Mémoires et souvenirs du comte Lavalette. *Paris, Fournier*, 1831. 2 vol. in-8, d.-rel. v. f.

76. Le Sage. Œuvres de Le Sage. *Paris, Renouard*, 1821. 12 vol. in-8, double portrait et figures, grand pap. vél., non rogn., tête dor.

77. Lièvre. Les Collections célèbres d'œuvres d'art, dessinées et gravées d'après les originaux. *Paris, Goupil*, 1866. In-fol.

Complet, en carton, dos de toile.

78. Llorente. Histoire critique de l'Inquisition d'Espagne, depuis l'époque de son établissement par Ferdinand V jusqu'au règne de Ferdinand VII, trad. de l'espagnol, sous les yeux de l'auteur, par A. Pellier. *Paris, Treuttel et Würtz*, 1818. 4 vol. in-8, portr., d.-rel. mar. br., non rogn., tête dor.

79. Long (J). Voyages chez différentes nations sauvages de l'Amérique septentrionale, traduit de l'anglois par J. B. L J. Billecocq. *Paris, an II*. In-8, cart., d.-rel. mar. viol., non rogn., tête dor. (*Petit.*)

80. Longus. Les Amours pastorales de Daphnis et

Chloë (trad. par Amyot). *Paris,* 1718, pet. in-8, mar. r., tr. dor. (*Hardy-Ménil.*)

La première édition, qui contient les figures célèbres du Régent.

81. Lorris. Le Rommant de la Rose, nouuellement reueu et corrige oultre les precedentes impressions. *On les vend a Paris par Galliot du pre,* 1529. Pet. in-8, lettres rondes, figures sur bois, mar. vert., fil., tr. dor. (*Anc. rel.*)

Très-bel exemplaire, provenant des bibliothèques de F. Didot, Labédoyère et du prince d'Essling.

82. Machiavel. Histoire de Florence, par N. Machiavel. Traduction nouvelle. *Amsterdam, Desbordes,* 1694. 2 vol. in-12, mar. vert., fil., tr. dor. (*Anc. rel. aux armes d'une princesse de France.*)

83. Malfilâtre. Œuvres, nouvelle édition, accompagnée de notes et précédée d'une notice par M. L. (Paul Lacroix.) *Paris, Jehenne,* 1825. In-8, fig. sur chine et double portrait avant la lettre, grand pap. vél., d.-rel. mar. viol., n. rogn. (*Hering et Muller.*)

84. Marmontel. Contes moraux. *Paris, Brunel,* 1776. 3 vol. in-8, fig. par Gravelot, v.

85. Marot. Jan Marot de Caen sur les deux heureux voyages de Genes et de Venise, victorieusement mys a fin, par le tres chrestien Roy Loys douziesme de ce nom. *Ce present liure fut acheué d'imprimé le XXII. iour de Ianuier M.D.XXXII. pour Pierre Roffet, dict le Faulcheur, par Maistre Geufroi Tory de Bourges.* Pet. in-8, car. ronds, mar. bl., dent., doublé de tablis, tr. dor. (*Derome.*)

Bel exemplaire, de la vente Renouard.

86. Martignac (Algay de). Mémoires contenant ce qui s'est passé en France de plus considérable depuis l'an 1608 jusqu'en l'année 1636. *Paris, Claude Barbier,* 1685. In-12, veau f., fil., tr. dor. (*Capé.*)

Recueil connu sous le titre : *Mémoires du duc d'Orléans.*

87. Meliadus le Leonnoys. Du present volume sont contenus les nobles faictz darmes du vaillant roy Meliadus de Leonnoys. Ensemble plusieurs autres proesses de Cheualerie faictes tant par le roy Artus, Palamedes, le Morhoult d'Irlande, le bon cheualier sans paour Galehault le Brun, etc. *On les vend a Paris en la rue neufue nostre dame a lescu de France, par Denys ianot,* 1532. In-fol. goth. à 2 col., 6 ff. limin, 232 ff. chiffr., mar. br. à compart., tr. dor. (*Bauzonnet.*)

88. Mémoires et Correspondance politique et militaire du roi Joseph, publiés par A. du Casse. *Paris, Perrotin,* 1853-54. 10 vol. in-8, portr. — Histoire des négociations diplomatiques relatives aux traités de Mortfontaine, de Lunéville et d'Amiens, par A. du Casse. *Paris, Delahays,* 1857. 3 vol.—13 vol. in-8, d.-rel. mar. br.

89. Mercier. Théâtre complet. *Amsterdam,* 1778. 4 vol. in-8, belles figures en taille-douce, br.

90. Meschinot. Les Lunettes des princes, auec aulcunes balades et additions nouuellement composées par noble homme Iehan Meschinot, escuyer, en son vivant grant maistre d'hostel de la royne de France. *On les vend à Paris en la grant salle du Palais à la boutique de Gilles Corrozet,* 1539. 1 v. in-16, mar. vert., fil., tr. dor. (*Bauzonnet.*)

Exempl. de de Bure.

91. Michaux. Voyage à l'ouest des monts Alléghanys, dans les États de Kentucky et du Tennessee, et retour à Charleston par les hautes Carolines. *Paris*, 1804. In-8, carte, d.-rel. mar. viol., non rogn., tête dor. (*Petit.*)

92. Millevoye. Œuvres complètes, dédiées au roi et ornées d'un portrait. *Paris, Ladvocat*, 1825. 4 vol. in-8, grand pap. vél., d.-r. mar. vert.

93. Millin. Voyages dans les départements du Midi de la France. *Paris, imprimerie impériale*. 1807-1811. 4 tom. en 5 vol. in-8, et atlas, in-4 br

Ouvrage intéressant sous le rapport historique et archéologique.

94. Miot de Melito. Mémoires du comte M. *Paris, M. Lévy*, 1858. 3 vol. in-8, d.-rel. veau ant.

95. Molière (J. B.). Ses Œuvres. *Londres* (*Cazin*?), 1784. 7 vol. pet. in-12, port., br.

96. Monfalcon. Histoire de la ville de Lyon. *Lyon, de l'imprimerie de L. Perrin*, 1851. 6 vol. grand in-8, et atlas in-4, d.-rel. cuir de Russie, non rogn.

Exemplaire en grand papier, aux armes du maréchal de Castellane.

97. Moniteur. Réimpression de l'ancien Moniteur, seule histoire authentique et inaltérée de la Révotion française (mai 1789, novembre 1799). *Paris, Plon*, 1858-63. 31 vol. gr. in-8, fig., d.-rel. mar. v.

98. Montfaucon (B. de). L'Antiquité expliquée (en français et en latin) et représentée en figures, avec le supplément. *Paris*, 1719-24. 15 vol. — Les Monuments de la monarchie françoise, avec les figures de chaque règne que l'injure du temps a épargnées.

Paris, 1729-1733. 5 vol.—En tout 20 vol. gr. in-fol., mar. rouge, tr. dor. (*Petit.*)

Très-bel exemplaire *en grand papier*.

99. Musée impérial du Louvre. Collection Sauvageot, dessinée et gravée à l'eau-forte par Ed. Lièvre, accompagnée d'un texte historique et descriptif par A. Sauzay. *Paris, Noblet et Baudry*, 1863-64. 30 liv. in-fol.

Complet. En deux cartons, dos de toile.

100. Noailles (Marquis de). Henri de Valois et la Pologne en 1572. *Paris, M. Lévy*, 1867. 3 v. in-8, broch.

101. Noailles (Duc de). Histoire de Mme de Maintenon et des principaux événements du règne de Louis XIV. *Paris*, 1847-58. 4 vol. in-8, port., d.-rel. mar. r. (*Ottmann-Duplanil.*)

102. Nodier. Questions de littérature légale. Du plagiat, de la supposition d'auteurs, des supercheries qui ont rapport aux livres. *Paris, Crapelet*, 1828. Gr. in-8, d.-rel. mar. viol., non rogn. (*Thouvenin.*)

Exemplaire de Ch. Pieters, en grand papier vélin.

103. Office (L') de la semaine sainte, corrigé de nouveau par le commandement du Roy, conformément au bréviaire et missel de nostre saint père le pape Urbain VIII. *A Paris, chez Antoine Ruette, relieur ord. du Roy*, 1661. In-8, fig., mar. rouge à riches comp., tr. dor. (*Anc. rel.*)

Belle et fraîche reliure, ornée de fleurs de lis en pointillé.

104. Orléans (Duchesse d'). Correspondance complète de Mme la duchesse d'Orléans, née princesse Palatine, mère du régent; traduction nouvelle de

M. G. Brunet. *Paris, Charpentier,* 1857. 2 vol. in-18, d.-rel. mar. v., non rogn., tête dor.

105. Ouvrages français, en vers et en prose, imprimés par ordre du comte d'Artois. *Paris, de l'impr. de Didot l'aîné,* 1780-84. In-18, 51 vol. en 41, d.-rel. mar. v., non rogné, et 4 vol. broch.

Temple de Gnide, 1 vol. — Acajirs et Zirphile, 1 vol. — Ismène et Isménias, 1 vol. — Zaïde, 3 vol. — Jéhan de Saintré, 1 vol. — Contes moraux de Marmontel, 1 vol. — Lettres de la comtesse de Sancerre, 2 vol. — Olivier, 2 vol. — Le Berceau de France, 2 vol. — Gérard de Nevers, 1 vol. — Daphnis et Chloé, 1 vol. — Aloyse de Livarot, 1 vol. — Roger et Gertrude, 1 vol. — Tristan le Leonnoys, 1 vol. — Manon Lescaut, 2 vol. — Confessions du comte de ***, 2 vol. — Sargines, 1 vol — Lettres péruviennes, 2 vol. — Siége de Calais, 2 vol. — Lorezzo, 1 vol. — D. Carlos, 1 vol. — Conjuration des Espagnols contre Venise, 1 vol. — Mémoires de Grammont, 3 vol. — Boileau, 1 vol. — Fables de La Fontaine, 2 vol. — Gresset, 1 vol. — Télémaque, 4 vol. — Contes de Hamilton, 3 vol. — Jardins, de Delille, 1 vol. — Lettres persanes, 3 vol. — Amours de Psyché et Cupidon, 2 vol. — Tom Jones, 4 vol.

Pour avoir la collection complète, il faudrait encore : Princesse de Clèves, 2 vol. — Lettres de Juliette Catesby, 1 vol. — Contes de Voltaire, 6 vol.

106. Péréfixe. Histoire d'Henry le Grand, composée par messire Hardouin de Perefixe. *Amsterdam, Louys et Daniel Elzevier,* 1661. Pet. in-12, frontisp. gr., maroq. rouge, dent., doublé de tabis, tr. dor. (*Bozerian.*)

Très-bel exemplaire provenant des ventes du prince d'Essling (cat. de 1839) et de Chaponnay.
Hauteur, 133 millimètres.

107. Perrault. Les Hommes illustres qui ont paru en France pendant ce siècle, avec leurs portraits au naturel. *Paris, Dezallier,* 1696-1700. 2 tomes en 1 vol., in-fol., vél.

Belles épreuves. Exemplaire avec les portraits de Pascal et Arnauld, et ceux de Thomassin et Du Cange.

108. Plaisante (La) et amoureuse histoire du Cheuallier Dore et de la pucelle surnommee Cueur d'acier.

Cy fine la tresoiyeuse, plaisante, recreative et amoureuse histoire des faictz, gestes, triomphes et prouesses du noble et vaillant le gentil cheuallier dore, et de la gente pucelle la belle Neronnes surnommee Cueur dacier, nouuellement imprimee (à Lyon), 1542. Pet. in-8, lettres rondes, figures sur bois, mar. r., fil., tr. dor. (*Padeloup.*)

Bel exemplaire d'un volume de la plus grande rareté. Vendu 400 fr. Bertin. Un feuillet reproduit à la plume. Exemplaire du prince d'Essling (292).

109. Portraits et costumes de la cour de Louis XIV, par Trouvain, Bonnard et autres. 129 pièces en 1 vol., in-fol., cart.

Collection intéressante. Belles épreuves.

110. Quinet (Ed.). La Révolution. *Paris,* 1866. 2 vol. in-8., broch.

111. Quinet. Histoire de la campagne de 1815. *Paris, M. Lévy,* 1862. In-8, d.-rel. mar. rouge, non rogn., tête dor. (*David.*)

112. Quitard. Anthologie de l'amour, extraite des poëtes français depuis le XVe siècle jusqu'au XIXe, avec des notices biographiques et littéraires. *Paris, Garnier,* 1862. In-12, d.-rel. mar. r., non rogn., tête dor.

113. Quitard. Etudes historiques, littéraires et morales sur les proverbes français et le langage proverbial. *Paris, Techener,* 1860. In-8, d.-rel. mar. vert, non rogn., tête dor.

114. Quitard. Proverbes sur les femmes, l'amitié, l'amour et le mariage. *Paris, Garnier,* 1861. In-12, d.-rel. mar. r.

115. Rabelais (Œuvres de). *Paris, L. Janet,* 1823. 3 vol. in-8, d.-rel. mar. bleu, non rogn., tête dor.

Exemplaire en grand papier vélin.

116. Racine (Les Œuvres de J.). Edition imprimée pour l'éducation du Dauphin. *Paris, imprimerie de Fr. Ambr. Didot,* 1783. 3 vol., gr. in-4, portrait et une suite de figures ajout., maroq. vert, tr. dor. (*Derome le jeune.*)

Tiré à 200 exemplaires.

117. Ramboux (J. A.). Beitraege zur Kunstgeschichte. Recueil de gravures ayant rapport à l'histoire des arts, principalement appliquée aux livres, pendant le moyen âge. 125 planches lithographiées. *Cologne,* 1860. Gr. in-folio, en deux cartons, dos de toile, non rogn.

Exemplaire *en grand papier vélin.* Cette collection, tirée à petit nombre aux frais de l'auteur, n'a pas été mise dans le commerce. Reproduction de miniatures et reliures byzantines, *fac-simile,* portraits de Dante, et tableaux et sculptures de son époque ayant rapport à lui. Tableaux de Giotto au palais d'Avignon (7 planches), etc.

118. Reboulet. Histoire du règne de Louis XIV, surnommé le Grand. *Avignon, Girard,* 1744. 3 vol. in-4, maroq. rouge, fil., tr. dor. (*Anc. rel.*)

Cet exemplaire contient tous les portraits de la suite d'Odieuvre.

119. *Recueil.* Chansons nouvelles et airs de cour. Nouveau recueil. *Sur l'imprimé à Paris,* 1690-91. Tome I, 48 pages. — Tome II, 48 pages. — Tome III, 48 pages. — Tome IV, 47 pages. — Tome V, 48 pages. — Tome VI, 29 pages et table. — Second volume. Tome I, 48 pages. 7 part., un vol. pet. in-12, parch.

Joli exemplaire, avec témoins, d'un chansonnier très-rare : chansons à boire, chansons d'amour, etc., dont quelques-unes sont en patois ou en flamand.

120. Recueil de 356 planches, gravées en taille-douce, par F. Hoghenberg, représentant des batailles, siéges, exécutions, massacres et autres événements des guerres civiles et religieuses de la France et des Pays-Bas, de 1535 à 1610, avec explication en allemand, gravée au bas des planches. In-fol. obl., cart.

On trouve rarement un aussi grand nombre de ces planches curieuses, dont 40 sont copiées sur les gravures de Tortorel et Perissin.

121. Regnier. Œuvres, publiées par L. Lacour. *Paris, Jouaust,* 1866. 1 vol. in-8, broch.

122. Salluste. Histoire de la république romaine dans le cours du VIIe siècle, en partie trad. du latin, en partie rétablie et composée sur les fragments qui sont restés de ses livres perdus (par le président de Brosses). *Dijon, Frontin,* 1777. 5 vol. in-4, fig., d.-rel., dos et coins de mar. rouge, non rogn., tête dor.

123. Saulcy (P. de). Les Derniers Jours de Jérusalem. *Paris, Hachette,* 1866. 1 v. gr. in-8, broch.

124. Saurin. Discours historiques, critiques, théologiques et moraux, sur les événements les plus mémorables du Vieux et du Nouveau Testament. *Amsterdam et La Haye,* 1820-39. 6 vol. gr. in-fol., cuir de Russie.

Exemplaire *en papier super-royal, avec premières épreuves* des planches, gravées par Haet, Houbraken et Picart.

125. Scarron. Le Roman comique, édition ornée de figures dessinées par Le Barbier. *Paris, impr. de Didot jeune, an IV.* 3 vol. in-8, grand. pap. vél., figures avant la lettre, d.-rel., non rogn. (*Thouvenin.*)

126. Ségur. Mémoires, ou Souvenirs et Anecdotes. *Paris, Eymery,* 1825-26. 3 v. in-8, fig. et cartes, d.-rel., v. f.

127. Sevelinges. Mémoires secrets et Correspondance inédite du cardinal Dubois. *Paris, Pillet,* 1815. 2 vol. in-8, port., d.-rel. mar rouge, non rogn., tête dor.

128. Soulary (Jos.). Sonnets, poëmes et poésies. Nouvelle édition, dédiée à la ville de Lyon. *Lyon, L. Perrin,* 1864. In-8, broch.

Tiré à petit nombre.

129. Soulavie. Mémoires historiques et anecdotes de la cour de France pendant la faveur de la marquise de Pompadour, avec douze estampes gravées par elle sous les yeux du roi. *Paris, Arthus Bertrand,* 1802. In-8, d.-rel. mar. vert, non rogn., tête dor.

130. Taine (H.). Voyage en Italie. *Paris, Hachette,* 1866. 2 v. in-8, broch.

131. Terentii Afri comœdiæ, ad optimorum exemplarium fidem recensitæ. *Londini, Knapton et Sandby,* 1751. 2 vol. gr. in-8, fig., mar. bl., fil., tr. dor. (*Anc. rel.*)

132. Toussaint de Saint-Luc. Mémoires sur l'état du clergé et de la noblesse de Bretagne. *Paris, Prignard,* 1691 (*Rennes,* 1850). 2 vol. in-8, d.-rel., non rogn., tête dor.

Tiré à 200 exemplaires.

133. Tressan. Histoire de Robert, surnommé le Brave, ouvrage posthume de L. E. de Lavergne,

comte de Tressan. *Londres, Dulau*, 1802. In-8, port., pap. vél., cart., non rogn.

134. Tressan (L. Élisabeth de la Vergne, comte de). Œuvres, précédées d'une notice sur sa vie et sur ses ouvrages par M. Campenon. *Paris, Nepveu et André (impr. de F. Didot)*, 1822-23. 10 vol. in-8, fig., pap. vél., d.-rel. mar. viol., non rog.

135. Vauvenargues. Œuvres complètes, précédées d'une notice sur sa vie et ses ouvrages, et accompagnées des notes de Voltaire, Morellet, Fortia, Suard. *Paris, Brière*, 1823. 3 vol. in-12, grand papier, portrait sur chine, mar. vert, fil., tr. dor. (*Bauzonnet.*)

136. Virgilii Maronis Bucolica, Georgica et Æneis, illustrata, ornata et accuratissime impressa. *Londini, Knapton et Sandby*, 1750. 2 vol. gr. in-8, fig., mar. bl., fil., tr. dor. (*Anc. rel.*)

Reliure uniforme de l'Horace de 1749 et du Térence de 1751.

137. *Virgilii* Opera, perpetua annotatione a C. G. Heyne illustrata. Editio novis curis emendata et aucta tertia. *Lipsiæ, sumptibus Casp. Fritsch*, 1800. 6 vol. gr. in-8, mar. r., fil., tr. dor. (*Rel. holland.*)

Bel exemplaire *en papier fin collé*, *rare*. Cette édition, regardée comme un des chefs-d'œuvre de la critique, est ornée de 204 jolies vignettes gravées sur cuivre. C'est la meilleure et la plus belle des éditions de Virgile.

138. *Virgilii* opera. Œuvres de Virgile, traduites en vers français par Tissot (Bucoliques) et Delille (Géorgiques et Enéide); en vers italiens par Arici et Annibal Caro; en vers anglais par Warton et Dryden; en vers allemands par Voss (texte latin en regard d'après Heyne). *Paris* et *Lyon*, 1838.

In-4, d.-rel. maroq. brun, non rogn., tête dor. (*Petit.*)

Un des 25 exemplaires tirés sur grand papier de couleur (chamois) et publiés au prix de 350 francs.

139. *Vosmerus*. Principes Hollandiæ et Zelandiæ. *Antverpiæ Christophorus Plantinus excudebat Phil. Gallæo*, 1578. Pet. in-fol., mar. r , tr. dor. (*Hardy-Mennil.*)

Trente-six beaux portraits gravés en taille-douce, intéressants sous le rapport du costume.

140. *Vulson* (Marc de), sieur de la Colombière. Le vray Théâtre d'honneur et de chevalerie, ou le Miroir historique de la noblesse. *Paris, A. Courbé*, 1648. 2 vol. in-fol., fig., maroq. rouge, fil., tr. dor.

Exempl. en grand papier. Rare.

141. *Wace*. Le Roman de Brut, par Wace, poëte du XIIe siècle, publié pour la première fois, d'après les manuscrits des bibliothèques de Paris, avec un commentaire et des notes, par Le Roux de Lincy. *Rouen, Frère*, 1836-38. 2 vol. gr. in-8, fig., d-rel. mar. rouge, non rogn., tête dor.

Un des quarante exemplaires en grand papier VÉLIN.

142. *Wace*. Le Roman de Rou et des ducs de Normandie, avec des notes, par F. Pluquet. *Rouen, Frère*, 1827. 2 vol. in-8, gr. pap. vél., non rogn.

On a ajouté à cet exemplaire les deux vignettes de l'édition sur *peau de vélin*, peintes en couleur et rehaussées d'or; on y a joint en outre un troisième volume qui se compose: *a*) de la *Notice sur la Vie et les écrits de Robert Wace*, publiée en 1824, avec la vignette double, sur pap. de Chine et sur pap. blanc; *b*) des *Observations grammaticales, par M. Raynouard*, et d'un *Supplément aux Notes historiques*, par Aug. Le Prevost, publiés en 1829.

Le tout en grand papier VÉLIN.

5030 — Paris, imprimerie JOUAUST, 338, rue Saint-Honoré.

www.ingramcontent.com/pod-product-compliance
Ingram Content Group UK Ltd.
Pitfield, Milton Keynes, MK11 3LW, UK
UKHW020517180726
13839UKWH00005B/2138

9 782329 529844